PRIÈRES
DE POCHE

pour les AMIS

www.iCharacter.eu
ISBN 978-1-63474-003-6
Texte : Max Lucado et Betsy St. Amant
Prières traduites de l'original anglais par Thierry Ostrini
Introduction traduite par Berniris
Publié par iCharacter Ltd. 6-9 Trinity Street, Dublin 2, Irlande.

Loi n° 49-956 du 16 juillet 1949 sur les publications
destinées à la jeunesse. Dépot légal août 2016.

Vous trouverez également nos livres sur
iBookstore, Kobo, Kindle, Google Play.

Rendez-nous visite sur le site : www.iCharacter.eu

PRIÈRES DE POCHE

pour les AMIS

MAX LUCADO

ET BETSY ST. AMANT

40 prières simples POUR LA JOIE ET LA SÉRÉNITÉ

THOMAS NELSON®
Since 1798
thomasnelson.com

www.iCharacter.eu

La prière de poche

Bonnjour, je m'appelle Max. En ce qui concerne la prière je suis encore, à peu de chose près, une mauviette. Quand je prie, je m'assoupis. Mes pensées n'arrêtent pas de faire des zigzags. Les distractions grouillent comme des moucherons par une nuit d'été. Si le trouble déficitaire de l'attention s'applique à la prière, j'en suis affligé. Quand je prie, je pense à mille et mille choses que je dois faire. J'oublie la seule chose que j'étais venu faire : prier.

Certains excellent. Ils inhalent le ciel puis exhalent Dieu. Ils appartiennent à l'Unité des Forces Spéciales d'Intercession. Ils préfèrent prier que dormir. Moi, pourquoi est-ce que je dors quand je prie ? Eux appartiennent à l'AGP: l'Association des Géants de la Prière. Moi, je suis détenteur d'une carte du MPA : Mauviettes de la Prière Anonyme.

Est-ce que ça vous dit quelque chose ? Ce n'est pas qu'on ne prie pas du tout. On prie tous un peu.

On prie sur les oreillers trempés de larmes.

On prie dans les grandes liturgies.

On prie au spectacle des oies qui volent.

On prie en récitant les bonnes prières d'antan.

On prie pour rester sobre, rester concentré, pour payer ses dettes.

On prie quand la tumeur s'avère maligne.

Quand on n'arrive pas à boucler ses fins de mois.

Quand le bébé attendu tarde à donner ses coups de pied.

On prie tous... un petit peu.

Mais est-ce qu'on n'aimerait pas tous... Prier davantage ?

Prier Mieux ?

De manière plus forte ?

Plus intense ?

Avec plus de feu, plus de foi, plus de ferveur ?

Mais on a des enfants à nourrir, des factures à payer, des délais à respecter.

Les impératifs de notre agenda se jettent sur nos bonnes intentions, comme le tigre sur un lapin. On veut prier, mais quand?

On veut prier, mais pourquoi ? On ferait aussi bien de l'admettre : la prière est pour nous quelque chose d'étrange, de bizarre. On parle dans le vide. On envoie des mots dans le ciel. On a déjà du mal à obtenir les opérateurs du câble, mais Dieu, Lui, nous répondrait ? Le médecin est trop occupé, mais Dieu ne le serait pas ? Nous nourrissons des doutes sur la prière.

Et puis, notre expérience de la prière est loin d'être un long fleuve tranquille : attentes déçues, requêtes restées sans réponse. C'est à peine si nous pouvons faire une génuflexion à cause de nos cicatrices aux genoux. Dieu apparaît à certains comme le grand briseur de cœurs. Pourquoi nous entêter à jeter les pièces de monnaie de nos profondes aspirations dans une fontaine qui demeure silencieuse ? Il m'a plaqué une fois... mais pas deux.

Oh, quelle étrange énigme que la prière !

Nous ne sommes pas les premiers à nous débattre avec elle. La feuille d'inscription au b.a.-ba de la prière fait état de quelques noms bien connus : les apôtres Jean, Jacques, André et Pierre. Lorsque l'un des disciples de Jésus lui a demandé : « Seigneur, apprends-nous à prier » (Luc 11:1), aucun des autres n'a rien eu à objecter. Aucun n'est parti en disant : « Hé, la prière, ça me connaît. » Les premiers disciples avaient besoin qu'on leur montre comment prier. En fait, le seul « tutoriel » qu'ils aient jamais requis concernait la prière. Ils auraient pu demander des conseils sur plein de sujets : comment multiplier les pains, comment faire des discours, comment calmer les tempêtes. Jésus ressuscitait les morts, mais pas de trace de séminaire sur « comment vider les cimetières ? » Par contre, ça, ils voulaient savoir : « Seigneur, apprends-nous à prier ».

Se pourrait-il que leur intérêt ait un rapport avec les formidables et stupéfiantes promesses que Jésus attachait à la prière ? « Demandez et il vous sera donné » (Matthieu 7:7). « Si vous croyez, vous obtiendrez tout ce que vous demandez dans la prière » (Matt 21:22).

Jésus n'a jamais associé un tel pouvoir à d'autres efforts. « Faites des plans et il vous sera donné... Travaillez, et vous obtiendrez tout ce que vous voudrez. » On ne trouve pas ce genre d'affirmations dans la Bible. Mais, par contre, on trouve celle-ci : « Si vous demeurez en moi et suivez mes enseignements, vous demanderez tout ce que vous voulez, et il vous sera donné » (Jean 15:7).

Jésus nous a laissé de stupéfiantes promesses sur la prière.

Et l'exemple qu'il nous a donné est convainquant. Jésus a prié avant de manger. Il a prié pour les enfants. Il a prié pour les malades. Il a prié en rendant grâce. Il a prié avec des larmes. C'est lui qui avait créé les planètes et les étoiles, et pourtant il a prié. Il est le Seigneur des anges et le chef des armées célestes, et pourtant il a prié. Il est égal à Dieu, la représentation exacte du Dieu très Saint, et pourtant il s'est adonné à la prière. Il a prié dans le désert, dans un cimetière, dans un jardin. « Il sortit et se rendit dans un lieu solitaire ; et là il priait » (Marc 1:35).

On peut facilement imaginer ce genre de dialogue dans le cercle de ses amis :

- Quelqu'un a-t-il vu Jésus ?

- Oh, tu sais, il fait « comme d'hab. »
- Encore en train de prier ?
- Ouais. On ne l'a pas vu depuis le lever du soleil.

Il arrivait même à Jésus de s'éclipser toute la nuit pour prier. Je pense à une occasion en particulier. Il venait de vivre l'une des journées les plus stressantes de son ministère. Le jour avait commencé par l'annonce de la mort de son cousin Jean-Baptiste. Jésus cherchait à se retirer dans un coin tranquille mais voilà qu'une foule de gens s'était mise à le suivre. Il avait le cœur gros, mais cela ne l'a pas empêché de passer la journée à enseigner et à guérir. Quand il s'avéra qu'ils n'avaient rien à manger, Jésus multiplia les pains et nourrit la multitude. En l'espace de quelques heures, il dut lutter contre la peine, le stress, les sollicitations et les besoins multiples. Alors qu'il aurait mérité une bonne nuit de sommeil.

Pourtant, quand le soir finalement arriva, il renvoya la foule et dit aux disciples d'embarquer, tandis que lui « montait sur la montagne pour prier » (Marc 06:46).

Apparemment, c'était le bon choix. Une tempête se déchaina sur la mer de Galilée, laissant les disciples « en difficulté loin de la terre, car un vent fort s'était levé, et ils devaient lutter contre d'énormes vagues. Vers trois heures du matin, Jésus vint vers eux, marchant sur l'eau » (d'après Matt. 14: 24- 25).

Jésus avait gravi la montagne épuisé, il en redescendait revigoré. En atteignant l'eau, pas question de ralentir. Qu'est-ce qui vous fait penser que la mer était d'huile et la tempête une brise de printemps ?

Se pourrait-il que les disciples aient fait la connexion entre prière et puissance ? « Seigneur, apprends-nous à prier comme ça. Apprends-nous à trouver la force dans la prière. À bannir la peur dans la prière. À défier les tempêtes dans la prière. À quitter la montagne de la prière avec l'autorité d'un prince. »

Qu'en est-il de vous ? Les disciples étaient confrontés aux vagues en furie et au risque de voir la mer devenir leur sépulture. Vous êtes confrontés à des clients en colère, à une économie turbulente et aux flots déchainés du stress et de la douleur.

« Seigneur, supplions-nous encore, apprends-nous à prier. »

Quand les disciples lui ont demandé de leur apprendre à prier, il leur a donné une prière. Pas un sermon sur la prière. Pas une doctrine de la prière. Il leur a donné une prière qu'ils pourraient réciter ou répéter, une prière « de poche » en quelque sorte (Luc 11:1-4).

Pouvez-vous l'utiliser ? Il me semble que les prières de la Bible pourraient se réduire à une seule. Cela donnerait une prière simple, facile à retenir, une prière de poche :

Père,
tu es bon.
J'ai besoin d'aide. Guéris-moi et pardonne-moi.
Ils ont besoin d'aide.
Merci.
Au nom de Jésus, amen.

Que cette prière rythme votre journée ! Quand vous commencez votre journée : "Père, tu es bon". Quand vous vous rendez au travail ou marchez dans les couloirs à l'école : "J'ai besoin d'aide". Quand vous faites la queue à l'épicerie : "Ils ont besoin d'aide". Gardez cette prière en poche tout au long de la journée.

Lorsque nous invitons Dieu dans notre monde, il vient. Il nous apporte une foule de cadeaux : la joie, la patience, la persévérance. Les angoisses viennent, mais elles ne collent pas à la peau. Les craintes apparaissent, puis s'en vont. Les regrets atterrissent sur le pare-brise, mais se trouvent effacés par l'essuie-glace de la prière. Le diable continue de me tendre les pierres de la culpabilité, mais je me retourne pour les remettre au Christ. Je termine ma sixième décennie, mais je déborde d'énergie. Je suis plus heureux, plus optimiste que jamais, en meilleure santé. Certes, les difficultés sont au rendez-vous. Mais Dieu aussi.

La prière n'est pas l'apanage des pieux, ni l'art de quelques élus. La prière est tout simplement un cœur à cœur entre Dieu et son enfant. Mon ami, il veut vous parler. Maintenant même, alors que vous lisez ces mots, il frappe à votre porte. Ouvrez-lui. Accueillez-le. Que la conversation s'engage !

La prière n'est pas l'apanage des pieux, ni l'art de quelques élus. La prière est tout simplement un cœur à cœur entre Dieu et son enfant.

Prières
pour la grâce et la sagesse

1

Les projets échouent, faute d'une assemblée qui délibère ;
mais ils réussissent quand il y a de nombreux conseillers.

PROVERBES 15:22

Dieu souverain et Père bien-aimé, je te loue pour qui tu es et pour ce que tu représentes à mes yeux. Tes voies sont parfaites, justes, bonnes et agréables. Ta Parole m'enseigne constamment à reconnaître que tu es un conseiller merveilleux.

Donne-moi la sagesse aujourd'hui. Qu'elle se répande à travers moi et qu'elle jaillisse tout autour ; qu'elle m'enseigne et qu'elle parle à mes amis. Que non seulement je puisse trouver et accueillir le conseil avisé, mais que j'y prête attention.

De grâce, sois avec ceux que j'aime, mes amis, aujourd'hui encore ; accompagne-les dans leur cheminement avec toi. Aide-les à te chercher toujours. Aplanis leur sentier.

Merci d'être pour moi cette présence constante au quotidien. Tes conseils sont empreints de vérité et dignes de confiance. Je peux, en toute quiétude, me reposer et m'appuyer sur eux, conscient du fait que tu désires le meilleur pour moi. Je te suis reconnaissant pour les amis que tu m'as donnés et qui m'encouragent à poursuivre la vérité et la sagesse.

Dans le Nom de ton Fils, je prie, amen.

2

Celui qui fréquente les sages devient sage, mais celui qui se plaît avec les insensés s'en trouve mal.

PROVERBES 13:20

Dieu tout puissant, tu nous a donné ton Fils en exemple, comme modèle par excellence de l'amour parfait, de la sagesse infinie et de la sainteté sans tache et sans défaut. Je te loue pour cela.

Aide-moi à refléter cet amour et à saisir pleinement cette sagesse. Entoure-moi de relations édifiantes et saines, et garde-moi de celles qui m'entraîneraient loin de toi.

Fais de même dans la vie de mes amis : qu'ils puissent être environnés d'influences constructives et bénéfiques. Revêts leur vie de tout ce qui leur sera nécessaire pour s'aiguiser les uns les autres et pour te ressembler, chaque jour un peu plus.

Merci du soin que tu apportes à chaque détail de ma vie et, notamment, dans le cadre relationnel. Et merci de garder la porte ouverte sur de nouvelles relations. Qu'elles puissent t'honorer toujours.

Au Nom de Jésus, amen.

3

---

*Ne vous y trompez pas: les mauvaises compagnies
corrompent les bonnes mœurs.*

1 CORINTHIENS 15:33

Père céleste, je te loue pour ton implication incessante dans ma vie. Tu ne négliges aucun de mes besoins, tu ne manques jamais de me conduire dans les voies de ta sagesse et de ta vérité.

J'ai besoin de discernement en ce qui concerne les relations que j'autorise aujourd'hui dans ma vie. Donne-moi la sagesse de faire les bons choix sur celles que je dois accueillir et celles qui ne me seront pas profitables.

Conduis mes amis également dans ce domaine. Epargne-leur le désagrément d'influences néfastes qui risqueraient de les éloigner de ta présence.

Merci d'être un ami constant et fidèle, l'ami véritable et parfait. Tu m'accompagnes sans cesse, même dans les moments passagers où je souffre de solitude. Cette constance m'est d'autant plus précieuse lorsque mes amitiés traversent des phases de transition.

Au Nom de Jésus, amen.

4

Et il m'a dit : Ma grâce te suffit, car ma puissance s'accomplit dans la faiblesse. Je me glorifierai donc bien plus volontiers de mes faiblesses, afin que la puissance de Christ repose sur moi.

2 CORINTHIENS 12:9

Seigneur bien-aimé, toi seul es digne. Aucun autre que toi n'est en mesure de pourvoir à mes besoins au moment précis où ils se manifestent. En ton temps. Ta grâce est véritablement la seule chose qui importe.

J'ai parfois du mal à saisir cette vérité même si j'en suis fermement convaincu. J'ai besoin de ton aide pour ne pas l'oublier lorsque les circonstances semblent parfois s'acharner à vouloir me convaincre du contraire. Donne-moi la sagesse et la pleine conscience de ta puissance, de ta grâce et de tes bienfaits, aux jours où tout cela me paraît hors de portée.

Que mes amis puissent, eux aussi, reconnaître ta main et tes bienfaits, dans les saisons plus arides. Qu'ils puissent, à chaque instant, ressentir ta présence, ton amour et ton soutien. Répands ta grâce dans leurs vies et affermis leurs bras.

Merci de t'occuper de tout ce qui m'est nécessaire, ainsi que tu l'as toi-même promis dans ta Parole. Lorsque ma patience atteint ses limites et que mon cœur est sur le point de rompre, ta grâce demeure. Elle reste fiable, efficace et suffisante pour assurer l'essentiel et réparer les éventuels dégâts de l'existence.

Dans le Nom puissant de ton Fils, Jésus, amen.

5

Et maintenant je vous recommande à Dieu et à la parole de sa grâce,
à celui qui peut édifier et donner l'héritage avec tous les sanctifiés.

ACTES 20:32

Père, je te loue pour qui tu es : Dieu de compassion, d'amour et d'abondance pour tes enfants.

Parfois, je me sens perdu et confus. Aide-moi à retourner sans cesse à ta Parole et à comprendre ses vérités. Utilise-la pour m'édifier et me construire.

Stimule le même désir chez mes amis : qu'ils lisent ta Parole et qu'ils se donnent les moyens d'en retenir des passages afin qu'ils aient, sans cesse, accès à tes promesses. Qu'ils puissent aspirer à l'étudier, ensemble, afin de s'encourager mutuellement dans tes voies.

Merci pour la Bible et merci pour ces belles amitiés qui m'encouragent à être un élève à ton écoute et un disciple à tes côtés, fermement attaché à toi.

Dans le Nom puissant de Jésus, amen.

6

---

*Veillons les uns sur les autres, pour nous exciter
à l'amour et aux bonnes œuvres.*

Hébreux 10:24

Dieu tout puissant, je te rends grâce pour le cœur plein de bonté que tu as pour ton enfant. Lorsque je chute, ton cœur ne varie pas. Tu es digne de louange.

Aide-moi à prendre conscience de mes réelles motivations. Lorsque je rends service à quelqu'un, permets que ce soit à partir d'une authentique gentillesse plutôt qu'à partir de motifs égoïstes, afin que toute la gloire te revienne. Je désire être un exemple et un encouragement pour d'autres quant aux bonnes œuvres auxquelles ta Parole nous invite. Permets que ton amour et l'humilité qui l'accompagne soient perceptibles pour chacun de mes amis.

Sois, je te prie, avec ceux de mes amis qui luttent pour vivre selon ton modèle. Aide-les à s'encourager mutuellement dans la bonne direction. Que leurs cœurs n'aient d'autres objectifs que celui de te plaire.

Merci de ce que ton amour ne dépend pas de mes actions, mais de ta grâce seule. Merci pour les amis que tu m'as donnés et pour leur sagesse, autant que pour leur joie, qui m'aide à me souvenir de tes bienfaits constants. Je te suis infiniment reconnaissant de ce que nous pouvons œuvrer ensemble, et pour ta gloire qui en découle.

Dans le saint et précieux Nom de ton Fils, amen.

Prières
pour la joie
et la camaraderie

7

Deux valent mieux qu'un, parce qu'ils retirent un bon salaire de leur travail.
Car, s'ils tombent, l'un relève son compagnon ;
mais malheur à celui qui est seul et qui tombe,
sans avoir un second pour le relever.

ECCLÉSIASTE 4:9–10

Précieux Père, tous dons parfaits viennent de toi et particulièrement dans le domaine de l'amitié. Je te loue pour l'attention que tu portes à chaque détail de ma vie, quant à mes relations notamment.

Je désire être un appui solide et fort pour ceux de mes amis qui traversent des tempêtes en ce moment. Aide-moi à les soutenir, à les relever et à diriger leur regard sur toi, quelle que soit leur situation. Que je puisse rire avec eux lorsque il y a lieu de se réjouir, et pleurer lorsque les difficultés s'amoncellent.

Mes amis ont si souvent été pour moi une bénédiction. Donne-leur la force dont ils ont besoin chaque jour, dans les saisons qu'ils traversent, et guide leurs pas. S'il leur arrive de vaciller, éparne-leur la chute.

Merci pour le don de l'amitié. Merci pour la joie d'être ensemble et pour la grâce d'être compagnons de route. Tu ne manques aucune occasion de pourvoir à mes besoins, tout spécialement lorsqu'il s'agit de mettre sur ma route quelqu'un qui m'aide à te trouver.

Dans la grâce de ton Nom, amen.

8

L'huile et les parfums réjouissent le cœur,
et les conseils affectueux d'un ami sont doux.

PROVERBES 27:9

Seigneur bien-aimé, ta présence est un parfum qui embaume chacune de mes journées. Je te rends grâce pour tes bienfaits et pour ta bonté. Tu es digne d'être loué.

Dispose mon cœur aujourd'hui afin que ce parfum se diffuse autour de moi dans le domaine de mes amitiés. Je désire être une bénédiction dans la vie de mes amis, comme ils le sont dans la mienne. Qu'il me soit permis d'être vraiment à leur écoute et que mon emploi du temps et mes propres préoccupations ne soient en rien un obstacle.

Aménage, je te prie, pour chacun d'entre eux, une atmosphère de repos et de rafraîchissement, en ta présence, tout au long de la journée. Qu'ils puissent trouver, en ton amour, la plénitude et la délectation.

Merci pour la douceur et l'agrément de l'amitié dans nos vies, les discussions de fin de soirée et les fous rires.

Au Nom de Jésus, amen.

9

Réjouissez-vous avec ceux qui se réjouissent ;
pleurez avec ceux qui pleurent.

ROMAINS 12:15

Notre Père, tu sais ce que je vais dire avant même qu'un seul mot ne sorte de ma bouche. Chacun de mes cheveux, leur nombre, tout est sous ta surveillance.

Mes jours étaient comptés avant que je ne vienne au monde. Je te loue pour la connaissance parfaite que tu as de moi. Tu sais ce qui me réjouit, ce qui m'attriste, autant que ce qui me contrarie ou me blesse. Aucune de mes larmes ne tombe à terre sans que tu ne les receuilles.

Ne permets pas que ma joie ou ma peine soient mes seules préoccupations. Qu'au contraire, je puisse être disponible pour ceux qui m'entourent. Que mes éclats de rire accompagnent la joie de mes amis, et que mes larmes les rejoignent dans leur tristesse. Les liens se tissent avec les hauts et les bas, les réjouissances et les pleurs : je désire être un ami pour mes amis comme ils le sont pour moi.

Sois avec eux, dans les bons jours comme dans les temps plus difficiles. Lorsqu'ils sont dans la joie, que cette passion pétille et renforce notre lien. Lorsqu'ils souffrent, puissent-ils ressentir ta présence et savoir qu'ils peuvent compter sur moi.

Merci pour les amis avec qui je me réjouis, avec qui je ris et je me sens encouragé. Et merci pour les tête-à-tête et les moments privilégiés qui nous rapprochent les uns des autres et de toi essentiellement.

Dans le saint Nom de ton Fils, amen.

10

_____

On éprouve de la joie à donner une réponse de sa bouche
; et combien est agréable une parole dite à propos !

PROVERBES 15:23

Seigneur, Dieu bien-aimé, tu es l'Auteur par excellence ; je te loue pour le don précieux de ta Parole.

Tu m'as donné ce don de parler au cœur de mes amis. Aide-moi à me souvenir qu'une parole appropriée au temps opportun, communiquée avec amour, peut apporter espérance et soulagement dans un cœur meurtri. Discipline ma langue afin qu'elle soit, sans cesse, une source d'encouragement.

Arme mes amis de sagesse et d'égards dans ce domaine. Lorsque la tentation de parler à tort et à travers nous presse de toute part – que ce soit en raison de la colère, de la peur ou du doute–, permets que l'attention et la délicatesse imprègne ce qui est dit. Accompagne-les dans ce désir d'édifier et d'apporter la joie par une parole distillée dans ta grâce.

Merci de l'édification, de l'encouragement et des paroles véritables que tu donnes à mes amis pour ma vie. Je te suis reconnaissant pour l'abondance des personnes qui me sont chères autour de moi et par lesquelles tu m'entoures. Utilise-les pour me construire et pour amener la guérison, plutôt que les blessures, dans mon quotidien.

Au Nom de Jésus Christ, amen.

11

Ensemble nous vivions dans une douce intimité, nous allions avec la foule à la maison de Dieu.

PSAUMES 55:14

Père céleste, j'aime aller à l'église pour t'adorer, pour en apprendre plus à ton sujet et partager avec mes frères et sœurs. Ta main a pourvu pour moi et ma famille en nous offrant une si belle communauté de croyants : je peux y grandir et croître en ta grâce.

Ma prière, aujourd'hui, est que je sois un précieux encouragement pour mes amis, à l'église, et que nous puissions, ensemble, nous rapprocher de toi. Que ma louange pour toi s'exprime librement et qu'elle ne soit réfrénée par rien ; qu'elle puisse inspirer mes proches et mes amis et leur donner l'audace d'entrer, eux-aussi, dans la même liberté.

Donne à mes amis une régularité dans leur fréquentation de l'église et que nous puissions grandir ensemble dans notre louange et notre adoration. Elargis et développe leur foi alors qu'ils se laissent enseigner par toi.

Apprendre à mieux te connaître au travers de nos relations est une chose que je chéris particulièrement. Merci de m'avoir donné cette opportunité par les multiples amis dont tu m'as fait la grâce dans l'église. C'est une telle bénédiction de t'adorer avec eux.

En ton Nom précieux, je prie, amen.

12

Car mon père et ma mère m'abandonnent,
mais l'Éternel me recueillera.

Psaumes 27:10

Dieu puissant, tu es une constante dans ma vie. Je te loue pour ta fidélité. Même si tout, autour de moi, devait disparaître, toi, tu ne m'abandonnerais jamais. Je peux sans cesse compter sur ta présence.

Revêts-moi d'une confiance renouvelée et d'une profondeur plus grande à ton égard. Débarrasse-moi de toute crainte et rappelle-moi que tu ne m'as jamais laissé tomber et que tu ne me délaisseras jamais. De mon côté, je désire être un ami fidèle pour ceux qui m'ont accordé leur confiance et leur amitié. Qu'ils puissent compter sur moi en toute occasion et en tout temps.

Bénis-les par ta présence lorsque, parfois, ils peuvent se sentir seuls. Sois le compagnon qu'ils recherchent. Atteins jusqu'au plus profond de leur cœur, chaque recoin, chacune de leurs attentes, et renforce en eux la conviction que tu es toujours là et que, dès lors, ils ne sont jamais seuls.

Merci pour le don de ta constante attention et de ton infaillible présence. Merci pour la joie de l'amitié et la camaraderie qui l'accompagne. Merci pour le chemin à parcourir ensemble.

Dans le Nom puissant de Jésus, amen.

13

_____

Jésus, s'étant approché, leur parla ainsi : " Tout pouvoir m'a été donné dans le ciel et sur la terre. Allez, faites de toutes les nations des disciples, les baptisant au nom du Père, du Fils et du Saint-Esprit, et enseignez-leur à observer tout ce que je vous ai prescrit. Et voici, je suis avec vous tous les jours, jusqu'à la fin du monde "

MATTHIEU 28:18–20

Notre Père qui es aux Cieux, merci de nous avoir donné la bonne nouvelle de ton évangile et du zèle qu'il procure. Ta bonté est telle que tu désires que tous prennent part au salut en Jésus-Christ, ton Fils.

Aide-nous, mes amis et moi-même, à nous aiguiser les uns les autres en ce qui concerne la diffusion de ce message et de l'audace qu'il requiert. Que ton salut soit prêché haut et fort et que ma foi ne soit ni timide ni cachée. Ne me laisse négliger aucune piste ni aucune opportunité de poursuivre le travail entrepris dans mon entourage quant au désir de communiquer ton amour.

Que le courage anime tous ceux de mes amis que l'envie de transmettre cet amour au monde mobilise au plus profond de leur être. Multiplie les occasions et assiste-les de ta clarté lorsqu'ils parlent de toi. Qu'ils se sentent inspirés. Que ce soit l'amour qui les motivent dans leur témoignage.

Merci de me donner ce privilège d'être à leur côté dans ce glorieux mandat qu'est celui de transmettre ta grâce. C'est une joie d'œuvrer ensemble dans ton Royaume et pour ton Royaume.

Au Nom de Jésus, amen.

Prières
pour demander
aide et protection

14

L'ami aime en tout temps, et dans le malheur il se montre un frère.

PROVERBES 17:17

Père céleste, tu es la définition même de l'amour. Je te loue pour les diverses manières dont tu le manifestes à mon égard, comme par la musique, ta magnifique création ou toutes les personnes que tu as placées sur ma route.

Aide-moi à refléter cet amour autour de moi, tout particulièrement auprès de mes amis. Dans les bons moments, comme dans ceux qui semblent l'être moins. Aménage des espaces favorables aux partages, aux petites attentions, aux gestes simples de soutien, d'encouragement, afin que je puisse être pour eux ce qu'ils ont si souvent été pour moi.

Ceins-les de force et de courage dans ce qu'ils ont à affronter tous les jours. Que ta lumière brille à travers eux, en toutes circonstances, quand bien même ces dernières apparaîtraient difficiles, voire chaotiques. Réponds à tous leurs besoins. Quotidiennement. Et abonde en grâce envers eux.

Merci pour cette bénédiction de les avoir à mes côtés, ici-bas, et de ce que l'amitié, en toi, est sublimée par ton amour. Ma reconnaissance est sans fin lorsque je considère tes bienfaits : quel bonheur de ne pas avoir à naviguer, dans l'existence, en solitaire !

Au Nom de Jésus, amen.

15

Mais ceux qui se confient en l'Éternel renouvellent leur force.
Ils prennent leur vol comme les aigles ; ils courent, et ne se
lassent point, ils marchent, et ne se fatiguent point.

ÉSAÏE 40:31

Dieu de miracles, loué sois-tu pour le soin que tu prends de moi. tu me procures la force lorsque je suis faible et la persévérance lorsque je ne vois plus le bout du tunnel. Tes bontés m'émerveillent.

J'ai besoin d'une bonne condition spirituelle et de détermination pour atteindre, debout, la ligne d'arrivée. Aide-moi à aller de l'avant et à ne jamais m'arrêter, particulièrement lorsque le tracé de ma vie semble incertain ou que les obstacles s'accumulent. Allonge les foulées de ma foi et de mon endurance. Fasse que je sois prêt au moment où les épreuves surviennent : que je ne sois ni abattu ni effrayé quand tout semble perdu ou que les raisons de craindre se multiplient.

Permets que mes amis puissent trouver leurs forces en toi au milieu de leurs difficultés. Qu'ils puissent déployer leurs ailes et voler librement. Restaure et renouvelle leur vitalité, jour après jour, et qu'ils puissent jouir de ta paix et de ton soutien lorsqu'ils peinent à avancer.

Merci de me prodiguer toujours ce qui m'est nécessaire. Je te suis reconnaissant pour mes amis : ils me sont d'un précieux secours et les savoir à mes côtés m'aide à avancer et à persévérer.

Dans le Nom précieux de Jésus, amen.

16

Ne crains rien, car je suis avec toi ;
ne promène pas des regards inquiets, car je suis ton Dieu ; je te fortifie,
je viens à ton secours, je te soutiens de ma droite triomphante.

ÉSAÏE 41:10

Dieu, tes voies sont justes et véritables. Tes décrets insufflent la vie au peuple que tu t'es choisi. C'est toi, Seigneur, qui le diriges, aujourd'hui et à jamais.

Je ne me suis pas accordé beaucoup de temps, ces derniers jours, pour me plonger dans ta Parole, je dois le confesser. Je désire mieux te connaître et suivre tes voies : être, pour ma famille, à l'image du guide que tu es dans ma vie, et pour mon foyer, un intendant attentif et bien intentionné, à l'écoute de ton cœur et de tes instructions. Aide-moi à être assidu dans l'étude de ta Parole et discipline mon oreille à ta voix.

Puisses-tu ouvrir les yeux de mes enfants aujourd'hui. Ils grandissent rapidement : leur autonomie ira, bientôt, en augmentant chaque jour un peu plus. Incline leur cœur vers toi maintenant et que leur vie se prolonge dans tes voies.

Merci de nous avoir donné ta Parole afin d'apprendre à te connaître. Merci de nous protéger de nous-mêmes par tes instructions et tes ordonnances.

En ton saint Nom, amen.

17

L'Éternel te gardera de tout mal,
il gardera ton âme ;
l'Éternel gardera ton départ et ton arrivée,
dès maintenant et à jamais.

PSAUMES 121:7–8

Seigneur bien-aimé, le monde dans lequel nous vivons est tellement incertain. Tu demeures cependant bon et juste dans ce contexte où le mal semble avoir la mainmise. Je te loue et te rends grâce pour ton amour et ta protection.

Lorsque les ténèbres s'intensifient, aide-moi à fixer mes regards sur ta lumière et à ne pas trembler face à l'ombre. Je veux me souvenir sans cesse de ta présence à mes côtés. Ta proximité me rassure. Tu es mon refuge. Aide-moi à encourager mes proches et mes amis sur la base de cette vérité.

Lorsque certains de mes amis sont confrontés à l'épreuve -- qu'elle soit d'ordre personnel ou professionnel, qu'elle atteigne leur santé, leur couple ou leur famille -- rappelle-leur que rien n'échappe à ton regard et que tu restes en contrôle. Je te prie de les garder, de les protéger, en tout temps. Sois leur guide et leur chemin.

Merci d'assurer notre protection, merci d'être une forteresse au milieu de la tempête et du chaos de ce monde.

Au Nom de Jésus, amen.

18

Dieu est pour nous un refuge et un appui,
un secours qui ne manque jamais dans la détresse.

PSALM 46:2

Seigneur Jésus, loué sois-tu pour ta force et ta protection. Lorsque je pense à l'étendue de ta puissance et que je me souviens de ma faiblesse, je ne trouve plus les mots : toi seul es digne de louange.

Aide-moi à me souvenir de ta grandeur plutôt que de focaliser mon attention sur l'envergure de mes problèmes. Rappelle-moi constamment que je peux, à tout moment, courir me réfugier dans cette forteresse que tu es pour moi. Je désire trouver le repos en cette divine protection plutôt que de me battre contre ce que je ne peux contrôler. La paix et le repos sont en toi.

Que mes amis puissent, eux aussi, garder en mémoire cette certitude, lorsque les choses se compliquent.

Merci de me protéger et de m'aimer. Tu es mon secours dans la détresse et je te remercie de ne pas avoir à affronter seul ma vie. Tu es toujours là, avec moi, et tu m'as donné des amis qui me permettent de ne pas traverser les vallées de l'existence livré à moi-même.

Au nom de Jésus-Christ, amen.

19

C'est donc avec assurance que nous pouvons dire : " Le Seigneur est mon aide, je ne craindrai rien ; que peut me faire un homme "

HÉBREUX 13:6

Prince de paix, Seigneur, il m'est facile de me laisser submerger par le monde. Il suffit d'ouvrir un journal et de parcourir les gros titres pour percevoir le poids de la terreur au-dessus de nos têtes. Ma louange n'en est cependant pas altérée.

C'est toi qui règnes et qui diriges toutes choses : affermis en moi cette conviction. Je n'ai à craindre ni les hommes de ce monde ni leurs stratégies diaboliques. Je désire, bien plutôt, enraciner mon être dans la certitude que rien ne te prend par surprise.

Protège, je te prie, mes amis, et donne-leur une ferme assurance de qui tu es et de ta puissance. Qu'ils parviennent à te faire pleinement confiance sans craindre qui que ce soit, ni quoi que ce soit.

Merci de veiller sur mes amis, ainsi que sur moi-même.

Merci pour leur soutien dans les temps plus difficiles. Lorsque le monde paraît s'obscurcir, qu'il est bon de demeurer, eux et moi ensemble, cœur à cœur. Merci.

Dans le saint Nom de Jésus, amen.

20

Soumettez-vous donc à Dieu ;
résistez au diable, et il fuira loin de vous.

JACQUES 4:7

Dieu notre Père, tu es digne de confiance. Tu es celui dont l'amour dure à toujours : jamais tu ne faillis, et tu ne renies jamais tes promesses. Je peux, sans crainte, me fier à toi et, dès lors, t'obéir en toute chose et me soumettre à tes voies.

Je désire vivre en manifestant cette confiance autour de moi. Je veux te soumettre ma vie plutôt que m'appuyer sur mes propres forces ou sur ma propre intelligence. Que mes plans soient les tiens.

Permets à mes amis de comprendre, et de constater, que le fait de t'accorder notre confiance est la meilleure des choses à faire. Il est parfois tentant de résister à ta volonté et de suivre nos propres voies, mais elles conduisent toujours à des impasses, des blessures ou même à des catastrophes. Garde mes amis de la rébellion et oriente leur cœur vers toi, plutôt que dans les zones, plus sombres, où rôde l'ennemi qui ne cherche qu'à détruire ou à dévorer.

Merci pour ta Parole et pour tes instructions qui nous gardent si souvent de la chute et des tentations lorsque nous sommes vulnérables ou affaiblis. Merci d'être, toi seul, digne de confiance. Je te suis reconnaissant pour ceux de mes amis qui me rappellent que tes desseins sont toujours les meilleurs.

Dans le Nom de Jésus, je prie, amen.

Prières
pour la paix
et la résolution
des problèmes

21

_____

Comme le fer aiguise le fer,
ainsi un homme en aiguise un autre.

PROVERBES 27:17

Père céleste, tes tendresses et tes bontés sont inégalables : tu es bon à l'égard de tes enfants. Quel bonheur de te voir à l'œuvre, chaque jour, en utilisant les petites choses de mon quotidien pour mettre en lumière ce que tu accomplis en coulisse. Je te loue, Père, pour cela : tu es digne de louanges.

Le fer aiguise le fer. L'une contre l'autre, deux lames s'aiguisent et leur tranchant n'en est que plus efficace. Utilise-moi pour affiner les amis que tu m'as donnés. Je désire qu'ils soient prêts, apprêtés, pour ton Royaume et pour le propos qui en découle. Je veux être un instrument de qualité entre tes mains.

Le fait d'être aiguisé n'est pas, à priori, une partie de plaisir : c'est plutôt douloureux et passablement inconfortable. Accorde ta grâce, en ces temps difficiles, à chacun de mes amis. Qu'ils grandissent et qu'ils croissent dans la vérité, la sagesse et la grâce.

Merci de les utiliser dans ma vie pour améliorer qui je suis. Je te suis reconnaissant pour ces amis qui font de moi une personne meilleure, et qui ne reculent pas lorsqu' il s'agit d'être plus tranchant ou de me recentrer sur mes priorités, en toi.

Dans le Nom de ton saint Fils, amen.

22

Mieux vaut une réprimande ouverte qu'une amitié cachée. Les blessures d'un ami prouvent sa fidélité, mais les baisers d'un ennemi sont trompeurs.

PROVERBES 27:5–6

Seigneur Dieu, tu disciplines ceux que tu aimes. Merci de nous manifester ton cœur en cela. Tu as placé des amis sur ma route pour accompagner mon cheminement avec toi : leur présence est un réel trésor dans ma vie.

Lorsque mes amis me conseillent intelligemment, aide-moi à en faire bon usage. Ne permets pas que je me dérobe à leurs remontrances ou à leur instruction.

Qu'ils puissent, eux-aussi, recevoir force et sagesse de mes propos. Affermis nos amitiés, afin qu'elles rayonnent d'un encouragement mutuel à faire le bien. Que nos cœurs puissent aspirer au meilleur pour ceux que nous chérissons.

Merci pour les amis qui m'aiment suffisamment pour oser me dire mes quatre vérités, en particulier lorsqu'elles ne sont pas faciles à entendre.

Dans le Nom de ton Fils, amen.

23

L'homme pervers excite des querelles,
et le rapporteur divise les amis.

PROVERBES 16:28

Dieu infiniment grand, tu es si bon à mon égard. Les amitiés sont un don parfait qui vient de toi, mais l'ennemi ne ménage pas ses efforts pour amener la discorde, les disputes ou la destruction dans ce domaine.

Je te prie d'ensemencer mes relations de paix. Lorsque les rumeurs et les médisances tentent de nuire à la santé ou à l'équilibre de ces relations, qu'il me soit donné du discernement pour parer aux coups infligés par l'ennemi. Que ma réponse soit tou-jours aimable et qu'elle ait pour objectif l'édification plutôt que le dénigrement.

Que mes amis puissent prendre conscience de la sévérité des dommages causés par la médisance dans leur vie. Je te prie de protéger nos amitiés des paroles désobligeantes, des propos fallacieux ou des malices intentionnelles. Quand à nous, que notre langue soit prompte à glorifier ton Nom, à t'honorer et à te servir.

Merci pour les encouragements et les paroles pleines de compassion que tu me donnes au-travers de mes amis. Elles sont un baume et une ressource pour ma vie.

Au Nom de Christ, amen.

24

Nous vous en prions aussi, frères, avertissez ceux qui vivent dans le désordre, consolez ceux qui sont abattus, supportez les faibles, usez de patience envers tous.

1 Thessaloniciens 5:14

Père, je te loue pour ta patience envers nous. Tu m'as béni au-delà de tout ce que je pouvais espérer, et ce, malgré mon impatience.

Je désire te faire confiance en toute chose et ne pas me fier à mes propres impératifs ni aux contraintes liées aux échéances que mon agenda personnel semble toujours vouloir m'imposer. Lorsque mes amis luttent pour trouver la patience et le repos, aide-moi à être présent pour eux et à les diriger vers ta lumière et ta Parole. Aide-moi à trouver ma sécurité et ma force en toi, afin d'être à même de communiquer ces ressources à ceux que j'aime et qui m'entourent.

Mes amis ont besoin, tout comme moi, de ce réconfort, de cette paix et de ce guide que tu es pour nous. Qu'ils puissent être comblés en toi et que tu les équipes de tout ce qui est nécessaire pour qu'ils soient des instruments d'encouragement, de soutien, de sagesse et de paix autour d'eux. Rappelle-leur qu'aucun problème n'est trop grand pour toi, et qu'ensemble, nous pouvons résoudre toute chose, avec ton aide et ton appui.

Merci d'être, pour chacun d'entre nous, ce modèle d'apaisement, de restauration, d'amour et de patience. Merci pour ta patience infinie. Je te suis reconnaissant pour les amis que tu m'as donnés, par qui tu manifestes ces qualités et qui m'encouragent à m'améliorer chaque jour.

Dans le Nom de Jésus, amen.

25

Un homme violent excite des querelles, mais celui qui est lent à la colère apaise les disputes.

PROVERBES 15:18

Père céleste, Seigneur bien-aimé, la paix qui surpasse toute intelligence a été manifestée par Christ au travers des tribulations auxquelles il a su faire face sans broncher. Jésus est l'exemple absolu de la douceur et de la paix. Il ne s'est ni défendu, ni débattu, ni même rebellé contre l'injustice de la Croix. Il n'a pas élevé la voix. Bien plutôt, il a imploré ton pardon pour ceux qui le persécutaient.

Aide-moi à faire pareil. Que la prière et la compassion anime mon cœur lorsque je suis blessé ou atteint, et que je puisse exprimer ta grâce plutôt que mes frustrations. Je veux te ressembler. Être, à l'image de Jésus, lent à la colère. Tout spécialement lorsqu'il s'agit de mes proches et de ceux que j'aime le plus.

Certains de mes amis ont à lutter dans ce domaine. Qu'ils parviennent à se dominer et à tenir leur langue, leur cœur et leur pensée, pour éviter tout propos disgracieux ou blessant. Aide-les à se conformer à cet exemple que tu es.

Merci du choix que tu nous laissé de ne pas céder à la colère. Car nous pouvons y répondre par la paix. Merci de ce que nous ne sommes pas obligés de nous soumettre à nos désirs naturels, et de ce qu'ils n'ont pas à dominer sur nous. Je te suis reconnaissant de la grâce que tu m'as faite d'avoir des amis capables de me supporter et de m'aimer dans les moments où je ne me montre pas sous mon meilleur jour.

Dans le Nom de ton précieux Fils, amen.

26

C'est pourquoi, renoncez au mensonge, et que chacun de vous parle selon la vérité à son prochain ; car nous sommes membres les uns des autres. Si vous vous mettez en colère, ne péchez point ; que le soleil ne se couche pas sur votre colère, et ne donnez pas accès au diable.

Éphésiens 4:25–27

Dieu, notre Père, loué sois-tu pour l'honnêteté que ta Parole de vérité nous transmet chaque jour. Tu ne mens jamais et les paroles mensongères sont en horreur à ta nature.

Je souhaite ardemment suivre ton exemple à ce sujet. Je veux dire la vérité et la dire dans l'amour. Ne permets pas que la tentation de mentir, lorsque je suis exposé à l'évidence de mes travers et de mes erreurs, soit plus grande que mon désir de transparence et de vérité. Je ne veux pas non plus du mensonge par omission, ni de celui qui s'insinue dans chaque situation où la pression de ne vouloir blesser personne nous pousse parfois à minimiser l'effort que coûte la vérité.

Lorsque mes amis sont tentés de mentir, donne-leur le courage d'être honnêtes. Garde et protège nos amitiés du mensonge et de la dissimulation, et qu'elles puissent toujours s'épanouir dans la vérité. Que notre amour soit toujours un rempart aux assauts du mensonge, dont on sait qu'il n'apporte aucune solution, en aucun cas ni à aucun moment.

Merci d'être le modèle de la vérité. Quel bonheur d'avoir des amis que la confrontation n'effraye pas et qui n'hésitent pas à me confronter lorsqu'il s'agit d'être vrai.

Dans le Nom de ton Fils, amen.

27

---

*Recherchez la paix avec tous, et
la sanctification, sans laquelle
personne ne verra le Seigneur. Veillez
à ce que personne ne se prive de
la grâce de Dieu ; à ce qu'aucune
racine d'amertume, poussant des
rejetons, ne produise du trouble, et
que plusieurs n'en soient infectés.*

HÉBREUX 12:14–15

Dieu tout puissant, sois loué pour ton cœur tourné vers la paix. Si, nous qui sommes humains, nous désirons l'entente et l'harmonie au sein de nos foyers et entre nos enfants, à combien plus forte raison soupires-tu après la paix pour ton peuple.

Ne permets pas que j'abrite l'amertume ou la rancune à l'égard de ma famille ou de mes amis, mais fais de moi un artisan de paix, d'amour et de sainteté. Je désire que la grâce que j'ai reçue de toi soit appliquée avec soin tout autour de moi.

Sois avec ceux de mes amis qui luttent contre ce sentiment d'amertume et de rancœur. Qu'ils abandonnent la rancune et qu'ils recherchent ta justice plutôt que la revanche. Qu'ils s'attachent à poursuivre la paix, en ne laissant aucune prise à la colère, et que toute relation soit restaurée dans leur vie.

Je te suis reconnaissant pour les amis qui me soutiennent dans leur quête de vérité et de paix, et qui ne tremblent pas lorsqu'il s'agit de me communiquer leur frustration me concernant : cela permet toujours d'y voir plus clair et d'apporter des solutions. Merci pour ton amour pour nous et pour la bénédiction toute particulière d'avoir des amis.

Dans le saint Nom de Jésus, amen.

Prières
pour l'avenir
et une longue vie

28

Que personne ne cherche son propre intérêt,
mais que chacun cherche celui d'autrui.

1 Corinthiens 10:24

Notre Père qui es aux cieux, je te loue de ce que tu es Dieu et de ce que tu l'as rendu manifeste dans les Écritures. Tu nous as donné ton Fils comme modèle irréprochable d'humilité, d'amour et de grâce, ici-bas.

Il m'est tellement plus facile de me préoccuper de moi-même en oubliant la priorité que représentent les autres. Débarrasse-moi de ce cœur égoïste et fais de moi le serviteur de ceux qui m'entourent. Ne permets pas que je néglige le service des autres: je veux être à leurs côtés pour les encourager dans leur combat.

Affermis et bénis tous ceux qui me sont chers. Que ta bénédiction repose sur mes amis. Donne-leur une portion plus grande encore de ton amour, de ta paix et de ta joie, quelles que soient leurs difficultés. Aide-nous, par des actes concrets de service et d'amour, à nous bénir mutuellement.

Merci de ce que, par le moyen de ton Saint-Esprit, l'impossible devient possible : ne plus être esclave de nous-mêmes.

En ton Nom, je prie.

29

L'Esprit lui-même rend témoignage à notre esprit que nous sommes enfants de Dieu.
Or, si nous sommes enfants, nous sommes aussi héritiers
: héritiers de Dieu, et cohéritiers de Christ, si toutefois
nous souffrons avec lui, afin d'être glorifiés avec lui.

ROMAINS 8:16–17

Père céleste, je te rends grâce pour tes bontés et pour ta constance envers tes enfants. Je suis loin de mériter cette grâce, mais c'est toi qui m'a créé et toi encore qui fais de moi, aujourd'hui, le co-héritier de Christ ; c'est par ta bonté que tu l'as ainsi ordonné.

Aide-moi à me souvenir de ce que cela signifie : quelle est ma place, ma position. Lorsque je me sens brisé, abattu, ou que tout semble s'acharner contre moi, permets que je garde en mémoire le privilège qui m'est fait d'être compté au nombre de tes enfants. Et si cette vérité est soumise à la controverse, qu'elle n'en demeure pas moins vraie dans ma vie et que rien en moi n'en doute. Ce sont tes promesses sur lesquelles je m'appuie.

Rappelle à mes amis sur quelle fondation ils se tiennent. Lorsqu'ils essuient des revers, qu'ils puissent entendre de toi, en plus du murmure de ta voix qui les appelle, les paroles de réconfort et de soutien quant à l'avenir meilleur que tu promets à ceux qui te cherchent et qui sont appelés selon tes desseins. Toute chose prendra sa vraie signification lorsque la mesure de gloire qui nous attend fera disparaître le souvenir des fardeaux et des épreuves que nous traversons.

Merci de m'appeler "fils". "Serviteur" était déjà inestimable.

Dans le Nom du Roi des rois, Jésus, amen.

30

A vous maintenant, qui dites : "
Aujourd'hui ou demain nous irons dans
telle ville, nous y passerons une année,
nous trafiquerons, et nous gagnerons !
" Vous qui ne savez pas ce qui arrivera
demain ! Car, qu'est-ce que votre vie ?
Vous êtes une vapeur qui paraît pour un
peu de temps, et qui ensuite disparaît.

JACQUES 4:13–14

Seigneur bien-aimé, loué sois-tu. Rien ne t'échappe. Tu orchestres toute chose, tu es un Dieu d'organisation et tu n'omets aucun détail. Tu sais tout et tu connais tout : le commencement et la fin. Tu sais ce qu'il y a de mieux pour nous.

Il m'arrive souvent d'être déçu des résultats insatisfaisants qui ponctuent mes efforts. Aide-moi à te faire confiance plutôt qu'à me confier dans mes propres voies. Que je puisse m'en remettre à toi dès le matin est mon désir le plus cher. Montre-moi ce que tu attends de moi pour la journée qui vient.

Puissent mes amis se confier en toi également. Qu'Ils soient en mesure de constater que tu es seul à diriger leur pas, sans faillir, et que nul n'est plus à même que toi d'harmoniser ce qui leur tient à cœur. Rappelle-leur constamment que ton amour et le soin que tu portes à chaque détail de leur vie est un trésor inestimable.

Merci de te soucier de la vie de mes amis autant que de la mienne. Merci d'intervenir en notre faveur au moment opportun. Ni trop tôt. Ni trop tard.

Dans le Nom précieux de ton Fils, amen.

31

---

*Mon fils, n'oublie pas mes
enseignements, et que ton
cœur garde mes préceptes ;
car ils prolongeront les jours
et les années de ta vie, et ils
augmenteront ta paix.*

PROVERBES 3:1–2

Seigneur, Dieu, je te loue pour tes lois et tes ordonnances. Ma nature profonde étant rebelle à tes commandements, je n'y obéis pas naturellement. Tes décrets demeurent néanmoins justes et bons, et ils le sont pour mon bénéfice, pour mon bien.

Que jamais je ne les néglige ni ne les abandonne. Je désire être soumis à ta Parole. Je sais qu'en y obéissant, la joie et le bien-être pour mon âme seront constamment ma substance. Donne-moi la force de vivre avec le désir constant de te plaire.

N'abandonne pas mes amis aux convoitises de la chair : qu'ils ne se rebellent pas et qu'ils ne soient pas tentés de pécher contre toi. Sois avec eux sans cesse. Qu'ils puissent être conscients à tout moment qu'observer tes lois n'est pas seulement une excellente idée, mais que c'est un bienfait permanent, une source de vie et de paix. Montre-leur concrètement que le fait de te suivre et d'obéir à tes commandements est le chemin le plus extraordinaire vers l'épanouissement et la prospérité.

Merci pour tes lois. Tes décrets conduisent toujours à l'excellence et ce sont eux qui nous protègent de nous-mêmes. Je te remercie pour cela dans ma vie de tous les jours.

Dans le Nom doux et précieux de ton Fils, amen.

32

*Recommande à l'Éternel tes
œuvres, et tes projets réussiront.*

PROVERBES 16:3

Père bien-aimé, je te rends grâce pour la perfection de tes plans dans ma vie. C'est toi le Créateur de tout l'univers et c'est toi aussi qui prends soin de chaque détail de mon existence.

Je désire m'en remettre à toi en tout temps et en toute circonstance, plutôt que de m'en référer à moi-même. Dirige mes pas afin que mon âme prospère.

Aide mes amis à saisir cette vérité : tu es à l'œuvre dans leur vie. Qu'ils puissent t'honorer à chaque occasion que tu placeras devant eux. Assure-les de ta paix, alors qu'ils cherchent à te plaire et à te suivre. Accorde-leur la clarté et le discernement afin qu'ils ne se sentent jamais ballotés ; que leur vie prenne tout le sens que tu as prévu pour chacun.

Merci de m'avoir fait don de ces amis précieux qu'un chemin commun guide vers plus de richesse. Je me réjouis vivement des instants que tu tiens en réserve pour notre bonheur et pour la joie de les vivre ensemble.

Au Nom de Jésus, amen.

33

Ne vous livrez pas à l'amour de l'argent ;
contentez-vous de ce que vous avez ; car Dieu lui-même a dit
: "Je ne te délaisserai point, et je ne t'abandonnerai point."

Hébreux 13:5

Père céleste, tu possèdes des milliers de têtes de bétail sur des milliers de collines ; tu t'occupes de chacun et tu pourvois aux besoins de tous. Je te loue de ce que personne n'est affamé ni sans recours dans la sainteté et l'abondance de ta grâce.

J'ai besoin que tu me le rappelles sans cesse, tout particulièrement lorsque les finances sont au plus bas. Aide-moi à ne pas paniquer lorsque l'argent vient à manquer, sachant que c'est toi qui possèdes les ressources de la terre et que tu n'abandonneras pas ton enfant.

Que mes amis puissent se souvenir aussi que tu ne les délaisseras jamais et qu'ils peuvent te faire confiance. Garde-les de l'anxiété lorsque les factures s'empilent et que les impôts sonnent le glas de l'échéance. Qu'ils soient revêtus de patience et d'une confiance absolue lorsqu'aucune solution n'est en vue.

Merci de subvenir à nos besoins en temps utile : en ton temps. Merci de ce que je n'ai pas à m'inquiéter ni à douter de ton intervention en ma faveur au moment où tu le juges opportun. Et même si cela peut paraître irréaliste, voire déraisonnable à nos yeux, tu connais toutes choses et ton bras n'est pas trop court. Tes plans sont parfaits.

Au Nom de ton Fils, amen.

Prières
pour l'amour
et le pardon

34

Je vous exhorte donc, moi, le prisonnier dans le Seigneur, à marcher d'une manière digne de la vocation qui vous a été adressée, en toute humilité et douceur, avec patience, vous supportant les uns les autres avec amour, vous efforçant de conserver l'unité de l'Esprit par le lien de la paix .

ÉPHÉSIENS 4:1–3

Père céleste, ta patience envers moi est sans limite. Je te loue pour cette patience infinie et pour le fait de pallier tous mes manquements dans l'amour qui est le tien. Toi seul procures la paix qui surpasse toute intelligence.

Donne-moi la grâce de manifester ce même amour envers mes amis. Aide-moi à faire preuve de patience lorsque nous ne sommes pas d'accord, à témoigner de ta douceur, de ta grâce, et à demeurer humble, sachant que mon premier réflexe est bien trop souvent de vouloir avoir raison et d'approcher les problèmes à ma façon.

Que mes amis puissent, eux-aussi, s'armer de patience et de paix. Lorsque nous éprouvons de la difficulté à nous accorder, donne-nous les outils nécessaires à la résolution de toute chose par l'amour et pour l'amour.

Merci de me faire la grâce d'être au nombre de tes enfants. Merci de t'appartenir. Je te suis reconnaissant pour les amis qui comprennent que les circonstances peuvent être difficiles et qu'on peut être amené parfois à perdre patience, mais qui comprennent surtout que l'amitié véritable n'a pas de fin pour qui la laisse être renouvelée en toi.

Dans le Nom de ton Fils, amen.

35

Le père des orphelins, le défenseur des veuves, c'est Dieu dans sa demeure sainte. Dieu donne une famille à ceux qui étaient abandonnés, il délivre les captifs et les rend heureux.

PSAUMES 68:6–7

Abba Père, tu es bon pour tes enfants. Nombreux sont ceux qui n'ont plus de parents sur cette terre : alors dans ton amour, c'est toi qui prends cette place. Je te loue pour l'attention particulière et tellement spécifique que tu portes à chacun de nous.

Je désire être, pour mes amis, plus proche encore que peut l'être un frère. Merci pour les amitiés que tu me confies et pour lesquelles je suis appelé à être présent et disponible, purement et simplement, et de manière inconditionnelle. Permets que je sois pour eux le parent proche qu'ils n'ont peut-être pas.

Je te prie pour eux ; qu'ils puissent réellement ressentir ta présence et ton amour. Rappelle-leur constamment tes bontés et le soin que tu mets à t'occuper de leur moindre besoin, tout particulièrement s'ils n'ont pas eu la chance d'avoir des parents pour le faire. Qu'ils puissent saisir la main paternelle que tu leur tends.

La famille est parfois quelque chose que l'on choisit. Je te remercie pour les amis qui sont pour moi aussi précieux que les membres de ma propre famille.

Au Nom de Jésus, amen.

36

L'amour est patient, il est plein de bonté ;
l'amour n'est point envieux ; l'amour ne se
vante point, il ne s'enfle point d'orgueil, il ne
fait rien de malhonnête, il ne cherche point
son intérêt, il ne s'irrite point, il ne soupçonne
point le mal, il ne se réjouit point de l'injustice,
mais il se réjouit de la vérité ; il excuse tout,
il croit tout, il espère tout, il supporte tout.

1 Corinthiens 13:4–7

Jésus, Sauveur bien-aimé, tu as toujours été et tu demeures l'exemple absolu de l'amour. Je te loue pour cet amour sans défaut à mon égard, tout spécialement lorsque je n'en suis pas digne. Ton amour ne faillit jamais.

Que mon amour soit à ta ressemblance : pur et simple. Que je puisse me réjouir avec mes amis lorsqu'ils sont dans l'allégresse, croire en eux lorsqu'ils doutent d'eux-mêmes ou qu'ils chutent, et surtout, que je puisse aspirer au meilleur pour leur vie. Revêts-moi de ta grâce et de ta force pour accomplir ce noble dessein.

Achemine mes amis vers l'amour parfait et véritable. Que leur cœur batte au rythme du tien, qu'ils débordent de ton amour pour qu'ils puissent le répandre sur les autres.

Merci de ce que ton amour est inépuisable. Je te remercie pour cet amour que tu manifestes dans ma vie par le biais de mes amis, que ce soit au travers d'un texto qui vient juste à point, d'un amusant message sur les media sociaux, d'une vidéo postée à l'improviste ou d'une chaleureuse accolade. Merci.

En ton Nom précieux, amen.

37

Si donc tu présentes ton offrande à l'autel, et que là tu te souviennes que ton frère a quelque chose contre toi, laisse là ton offrande devant l'autel, et va d'abord te réconcilier avec ton frère ; puis, viens présenter ton offrande.

MATTHIEU 5:23–24

Notre Père qui es aux cieux, je te loue pour le pardon qui siège en ton coeur. Tu ne nous offres pas seulement une deuxième chance, mais tu renouvelles sans cesse les opportunités de revenir à toi, trois fois, quatre fois, sept fois soixante-dix-sept fois. Et quand-bien même je ne le mérite aucunement, ton amour couvre ma faute et pardonne mes iniquités. Par ton sang, je suis blanc comme neige.

Je veux me débarrasser de toute rancune à l'égard de qui que ce soit. Montre-moi comment pardonner à celui qui m'a causé du tort, qu'il soit membre de ma famille, l'un de mes amis ou un parfait inconnu. Aide-moi à pardonner sans condition.

Fais de même pour mes amis, qu'ils puissent pardonner facilement. Lorsque je les blesse, qu'ils me pardonnent. Lorsque d'autres leur font du tort ou leur parlent sans ménagement, qu'ils pardonnent. Qu'ils puissent garder en mémoire que le pardon est la seule et unique clé pour la liberté.

Merci d'être l'exemple même du pardon. Lorsque pardonner me semble impossible, il me suffit de considèrer ton sacrifice sur la croix pour comprendre que c'est possible à travers toi. Par ton pardon, je suis capable de pardonner.

Au Nom de Jésus, amen.

38

---

*Car là où deux ou trois sont assemblés en
mon nom, je suis au milieu d'eux.*

<small>MATTHIEU 18:20</small>

Jésus, ma rédemption et mon salut, toi seul me suffis. Tu es tout ce dont nous avons besoin pour notre vie. De surcroit, tu nous accordes ici-bas l'agrément d'amitiés terrestres et d'une relation d'amour privilégiée. Je te remercie pour cette attention particulière à notre égard et pour la bienveillance que tu nous manifestes en nous accordant le privilège d'avoir des amitiés communes et réciproques.

Rappelle-moi sans cesse qu'une force existe dans le fait d'être à plusieurs, d'être nombreux. Ne permets pas que je me mette à l'écart lorsque je me sens faible ou découragé, mais aide-moi plutôt à rejoindre mes amis dans un partage authentique et ouvert sur ma peine et ma douleur. Ta Parole nous certifie que lorsque nous prions, tout peut arriver.

Persuade mes amis qu'ils ne sont pas seuls dans leur combat et leurs difficultés. Qu'ils aient le courage d'admettre leur besoin de toi et des autres. Qu'ils n'hésitent jamais à demander la prière.

Merci de ne m'avoir jamais laissé seul. Merci de m'avoir aimé à travers mes amis. Souvent, par leur intermédiaire, je ressens ta présence de toutes sortes de manières inattendues.

En ton Nom, je prie.

39

Celui qui souffre a droit à la compassion de son ami.

JOB 6:14

Père céleste et bien-aimé, je te remercie de demeurer sans cesse à mes côtés lorsque je traverse des épreuves. Tu ne m'abandonnes jamais. Ton amour reste tangible et se manifeste au plus profond de la tempête.

Lorsque le soleil brille dans ma vie, aide-moi à me souvenir que ça n'est peut-être pas le cas pour mes amis. Ne me laisse pas être à ce point préoccupé par ma propre existence que j'en oublie de prier pour eux et de les soutenir dans leurs difficultés.

Encourage-les, en cette saison, de ton appui et de ta force. Malgré la tourmente, qu'ils puissent prodiguer autour d'eux l'amitié à laquelle ils aspirent eux-mêmes. Que l'amabilité et la douceur les accompagnent dans toutes leurs relations, et qu'ils soient bouillants plutôt que tièdes dans l'expression de ton amour.

Merci pour ceux de mes amis qui se réjouissent avec moi des nouvelles opportunités ou des progrès que j'accomplis dans les différents domaines de ma vie, et notamment dans celui des nouvelles amitiés que je développe. Merci aussi, et peut-être surtout, pour ceux qui mènent le deuil avec moi lorsque le succès et la réussite semblent faire place à la désolation et aux revers de toute sorte.

Au nom de Jésus, amen.

40

Soyez bons les uns envers les autres, compatissants, vous pardonnant réciproquement, comme Dieu vous a pardonné en Christ.

ÉPHÉSIENS 4:32

Abba Père, Dieu de toute éternité, ta bonté me dépasse. Ton pardon, ton amour et tes tendresses se multiplient pour moi chaque jour. Tu es l'exemple parfait de l'expression sans faille de l'amour, pour le meilleur et pour le pire.

Certains jours, plus que d'autres, je me surprends à conserver une certaine rancune à l'égard de mes amis, au lieu de leur pardonner et de me montrer indulgent à leur égard. Rappelle-moi que je ne suis pas digne d'être pardonné mais qu'en Christ le pardon m'est acquis.

Aide mes amis à pardonner mes offenses lorsque je les blesse ou qu'ils se sentent blessés par moi. Qu'ils soient prompts à exprimer la douceur et la gentillesse, sachant qu'une réponse aimable évince la colère, alors qu'une parole hargneuse envenime chaque situation.

Merci pour ces amis que tu me donnes et qui perçoivent le meilleur de moi-même lorsque je ne vois, parfois, que le pire. Merci pour ceux qui pardonnent du pardon qu'ils ont reçu de toi. Quel don précieux d'être à leur côté et de les avoir avec moi !

Dans le précieux Nom de Jésus, amen.

À propos de Max Lucado

Plus de 120 millions de lecteurs ont puisé inspiration et encouragement dans les écrits de Max Lucado. Il vit en compagnie de sa femme, Denalyn, et de leur coquin de chien, Andy, à San Antonio au Texas, où il se met au service des membres de Oak Hills Church. Visitez son site Web sur MaxLucado.com ou suivez-le sur Twitter.com/MaxLucado et Facebook.com/MaxLucado.

À propos de Betsy St. Amant

Betsy Saint-Amant est l'auteur de quatorze nouvelles et romans contemporains. Elle réside dans le nord de la Louisiane en compagnie de sa petite fille qui raffole lui raconter des histoires. Avec, à portée de main, une impressionnante collection de romans de Jane Austen et toute une panoplie de Pickle Pringles. Betsy a un B.A. en communications et une vive passion de voir les femmes libérées en Christ. Son dernier roman, en collaboration avec HarperCollins, s'intitule « l'Amour arrive en morceaux ». Visitez son site sur www.betsystamant.com.

À propos de Thierry Ostrini
(Traducteur des prières)

Thierry OSTRINI est à l'origine du groupe EXO et à l'initiative de plusieurs autres projets qui lui valent, aujourd'hui, d'être une « plume » – au sein du monde francophone – reconnue et appréciée par beaucoup. Il a non seulement participé à l'adaptation et à la traduction du plusieurs albums, mais a également signé quelques textes (livres, préfaces, accroches ou rédactions, concepts ou répertoires, etc.) ainsi que des enseignements sur l'écriture et la composition. "Au commencement était la Parole, se plaît-il à souligner, il n'y a pas de raison que ça s'arrête..."

Thierry vit en Alsace et travaille au sein d'une église locale dans le domaine de la musique, de l'écriture et de l'enseignement. Il poursuit « la quête » textuelle et « traque » le verbe au quotidien. À suivre.

Prières de Poche pour les Papas

Tour à tour protecteurs, compagnons de jeu, confidents, conseillers, les papas portent de nombreuses casquettes... Quels que soient leurs rôles, ils sont appelés à diriger leurs familles avec conviction et intégrité. Où trouveront-ils donc la force nécessaire ?

Ces quarante prières toutes simples les guideront à la Source de toute espérance et de toute force, pour leur apporter la paix et le repos en toutes circonstances.

www.iCharacter.eu

Prières de Poche pour les Mamans

Constamment, les enfants s'appuient sur elle : pour se sentir compris, être aidés avec leurs devoirs, être consolés d'un bobo… Nul n'est mieux placé qu'une maman pour savoir à quel point la vie quotidienne peut devenir prenante, voire pesante...
Où trouveront-elles donc la paix et le repos au milieu de la confusion ?

Ces quarante prières toutes simples les guideront à la Source de toute espérance et de toute force, pour leur apporter la paix et le repos en toutes circonstances.

www.iCharacter.eu

Printed in the USA
CPSIA information can be obtained
at www.ICGtesting.com
LVHW081351141023
761114LV00016B/1518

9 781634 740654